# BEI GRIN MACHT SICH IHR
# WISSEN BEZAHLT

AF149030

- Wir veröffentlichen Ihre Hausarbeit,
  Bachelor- und Masterarbeit

- Ihr eigenes eBook und Buch -
  weltweit in allen wichtigen Shops

- Verdienen Sie an jedem Verkauf

Jetzt bei www.GRIN.com hochladen
und kostenlos publizieren

Anna Kukuk

# Soziales Handeln als Grundlage der reinen Herrschafts-typen bei Max Weber

GRIN Verlag

**Bibliografische Information der Deutschen Nationalbibliothek:**

Die Deutsche Bibliothek verzeichnet diese Publikation in der Deutschen National-
bibliografie; detaillierte bibliografische Daten sind im Internet über http://dnb.d-
nb.de/ abrufbar.

**Impressum:**

Copyright © 2013 GRIN Verlag GmbH
Druck und Bindung: Books on Demand GmbH, Norderstedt Germany
ISBN: 978-3-656-67441-2

**Dieses Buch bei GRIN:**

http://www.grin.com/de/e-book/274470/soziales-handeln-als-grundlage-der-reinen-
herrschaftstypen-bei-max-weber

**Soziales Handeln als Grundlage der reinen Herrschaftstypen bei Max Weber**

Auch mehr als 90 Jahre nach seinem Tod hat Max Weber nicht an Aktualität eingebüßt.

Max Webers Herrschaftsdefinition ist bis heute grundlegend in der Soziologie.

Im folgenden möchte ich zunächst auf das soziale Handeln als einen der Grundbegriffe der Soziologie eingehen und darauf die Erläuterung der Herrschaftstypen aufbauen.

Handeln, speziell das soziale Handeln, ist eine der wichtigsten Grundlagen für Webers Herrschaftssoziologie. Soziales Handeln ist eine Form menschlichen Verhaltens, das von klassischem Handeln dadurch abzugrenzen ist, dass es am Verhalten anderer Menschen orientiert ist (vgl. Max Weber. Wirtschaft und Gesellschaft: Grundriss der verstehenden Soziologie. 5. Aufl. Mohr Siebeck, 2002. S. 11).

Soziales Handeln wird bestimmt durch zweckrationale, wertrationale, affektuelle und traditionelle Motive.

Zweckrationales Handeln ist definiert als das rationale Abwägen zwischen einem Zweck, den Mitteln und den eventuellen Folgen. Zweckrational handelt derjenige, der vor einer Handlung den Zweck und eventuelle Folgen abwägt und sich daraufhin für die beste Lösung entscheidet.

Wertrationales Handeln wird bestimmt von dem Glauben an den "- ethischen, ästhetischen, religiösen oder wie immer sonst zu deutenden
- unbedingten Eigenwert eines bestimmten Sichverhaltens…"(ebd. S.12)

Wer wertrational handelt tut dies ohne eventuelle Folgen abzuwägen. Der Akteur handelt nach eigenen Regeln, die er an sich selbst stellt.

Affektuelles Handeln ist im Gegensatz dazu an aktuelle Emotionen oder Affekte gebunden. Dieses Handeln können wir nicht bewusst oder sinnhaft beeinflussen, sodass die Reaktion auf einen alltäglichen Reiz enthemmt sein kann.

Traditionales Handeln ist ähnlich dem affektuellen Handeln jenseits des „sinnhaften" Handelns angesiedelt und ist oft nur ein „Reagieren auf gewohnte Reize" (ebd. S.13)

Alle vier Handlungstypen lassen sich gut an einem Beispiel verdeutlichen:

Ein Obdachloser sitzt kurz vor Weihnachten in einer Fußgängerzone. Der zweckrational Handelnde gibt ihm Geld, um seine neue Freundin mit seiner Spendenbereitschaft zu beeindrucken. Der wertrational Handelnde gibt ihm Geld, weil er an Nächstenliebe glaubt, der affektuell Handelnde spendet aus Mitgefühl, welches sich aus dieser Situation ergibt, der traditionell Handelnde spendet immer vor Weihnachten einen festen Betrag an Obdachlose, da seine Familie dies schon seit Generationen tut.

Diese vier Typen sind sehr idealtypisch und nach Max Weber nur sehr selten in die eine oder andere Richtung orientiert. Sie sind als soziologische Klassifikation geschaffen, „…denen sich das reale Handeln mehr oder minder annähert…" (Ebd. S. 13).

Darauf Bezug nehmend ist Herrschaft eines der wichtigsten Elemente des Gemeinschaftshandelns. Weber definiert Herrschaft als „einen Sonderfall von Macht" (ebd. S. 541) und als die „…Chance (…) für spezifische (…) Befehle bei einer angebbaren Gruppe von Menschen Gehorsam zu finden…" (ebd. S. 122). Herrschaft setzt Legitimität voraus, welche durch die Akzeptanz der Beherrschten entsteht. Als Legitimitätsgründe nennt Weber traditionelle, charismatische und rationale. Diese Kategorisierung gilt auch für die Herrschaftstypen.

> *„Je nach der Art der beanspruchten Legitimität aber ist auch der Typus des Gehorchens, des zu dessen Garantie bestimmten Verwaltungsstabes und der Charakter der Ausübung der Herrschaft grundverschieden. Damit aber auch ihre Wirkung. Mithin ist es zweckmäßig, die Arten der Herrschaft je nach dem ihnen typischen Legitimitätsanspruch zu unterscheiden." (ebd. S. 122)*

Die traditionelle Herrschaft stützt ihre Legitimität auf von jeher bestehende Ordnungen. Der Herrschende ist persönlicher Herr und handelt kraft der ihm durch die Tradition zugewiesenen Eigenwürde. Sein Verwaltungsstab besteht aus persönlichen Dienern. Die Beherrschten sind keine Verbundsmitglieder sondern entweder traditionelle Genossen oder Untertanen. Die Beziehung des Verwaltungsstabes zum Herrscher ist bestimmt durch persönliche Dinertreue. Es gibt keine Satzungen, denen gehorcht werden muss, sonder per Tradition berufene Personen, deren Befehle legitim sind. (vgl. ebd. S. 130)

Weber selbst nennt als Beispiele für die traditionelle Herrschaft die Gerontokratie und den primären Patriarchalismus. Beispiele für eine traditionelle Herrschaft lassen sich zum Beispiel in afrikanischen Stämmen finden, in denen ein Priester oder ein Dorfältester qua Tradition herrscht und legitimiert ist. Auch ständische Strukturen wie der Feudalismus weisen Merkmale traditioneller Herrschaft auf, denn Titel und Privilegien sind zumeist eine Erbsache und die Untertanen sind durch ein persönliches Treueverhältnis gebunden.

Legale Herrschaft hingegen setzt einen gewählten oder bestellten Herrschaftsverband voraus. Sie ist rational, zweckrational oder wertrational orientiert. Der Verwaltungsstab besteht nicht aus Dienern, sondern aus Beamten. Die Verbandsmitglieder sind Bürger, die sich nicht den Befehlen einer einzelnen Person unterordnen sondern festen Regeln, denen auch der Befehlende, welcher über eine sachliche Kompetenz verfügt, unterliegt. Für den Befehlenden ist seine eigene Kompetenz aufstiegsrelevant, nicht sein Geburtsrecht. Er soll frei von Willkür sein und nach rationalen Gesichtspunkten Entscheidungen treffen.

Der reinste Typus legaler Herrschaft ist die Bürokratie, allerdings ist keine Herrschaft rein bürokratisch, also nur von Beamten geführt. Es gibt immer eine höhere Instanz, einen Monarchen oder Präsidenten.

Außerhalb der Bürokratie liegt legale Herrschaft immer dann vor, wenn eine Person bestimmte Handlungen bloß deshalb unterlässt, um einer gesetzlichen Strafe zu entgehen. Hier liegt ein zweckrationales Denken vor.

Als letzte Herrschaftsform nennt Weber die charismatische Herrschaft, wobei Charisma im wertfreien Sinne gebraucht werden soll, die auf der affektuellen Hingabe an einen Herren beruht. Diesen Herren bezeichnet Weber als Führer, denn die Qualität der eigenen Persönlichkeit steht im Vordergrund. Der Führer kann gottgesand sein, er kann magische Fähigkeiten haben oder die Kraft der Rede. Quelle der persönlichen Hingabe ist das „ewig neue" und „Außerwerktägliche" (Max Weber. Wirtschaft und Gesellschaft. Teilband 4 Herrschaft. Mohr Siebeck 2005. S. 734). Beispiele für die charismatische Herrschaft wäre die Herrschaft durch Propheten, Kriegshelden oder Demagogen. Die Jünger, wie die Gehorchenden in diesem Fall benannt werden, gehorchen dem Führer aufgrund seines Charismas. Die Legitimität der charismatischen Herrschaft geht verloren, wenn das Charisma verschwindet. Sein Stab gründet sich nicht auf Kompetenzen oder Privilegien sondern nach persönlicher Hingabe. Die Verwaltung ist „irrational" (ebd. S. 735), sie orientiert sich nicht an gesetzten Regeln sondern entscheidet am Einzelfall.

Auch wenn Weber seine Abhandlung noch vor dem Entstehen der Weimarer Republik schrieb, so kommt bei dem Begriff „Führer" sofort der Gedanke an Adolf Hitler und den Nationalsozialismus auf. Dachte Weber eher an Prophetenfiguren oder Persönlichkeiten wie Napoleon oder de Gaulle, so sind die Parallelen zu Hitler sehr deutlich.

Aufgrund seines Charismas und seiner Fähigkeit, Reden zu halten und Menschen mitzureißen ist er an die Macht gelangt.

Weber geht es in seiner Herrschaftssoziologie nicht darum aufzuzeigen, welche Herrschaftsform die bessere oder richtige ist, sondern darum, warum und unter welchen Voraussetzungen Herrschaft überhaupt rechtfertigbar ist.

Die Gegenüberstellung der Herrschaftstypen hat gezeigt, dass soziales Handeln bei der Definition und zum Verständnis selbiger grundlegend ist und dass Max Weber mit seinen grundlegenden Theorien nicht umsonst als „Einstein der Soziologie" gilt.

Quellen:

Max Weber. Wirtschaft und Gesellschaft. Grundriss der verstehenden Soziologie. 5. Aufl. Mohr Siebeck, 2002

Max Weber. Wirtschaft und Gesellschaft. Teilband 4 Herrschaft. Mohr Siebeck, 2005